BALLE AU PIED

1 - REMISE EN JEU

SCÉNARIO
LYLIAN

DESSIN
LESDEUXPAREILLES

tchô!

Éditeur : Nicolas Forsans

Dépôt légal : juin 2024
ISBN : 978-2-344-05646-2 / 001
Achevé d'imprimer en France en juin 2024 par Pollina - 29627,
sur papier provenant de forêts gérées de manière durable.

PEFC 10-31-2065 / Certifié PEFC / pefc-france.org

CETTE FOIS, NOUS Y SOMMES. LE MATCH LE PLUS IMPORTANT DE NOTRE VIE NOUS ATTEND : LA FINALE DE LA COUPE DU MONDE DE FOOTBALL !
D'OÙ JE SUIS, J'ENTENDS LA FOULE QUI N'ATTEND QU'UNE CHOSE : LE COUP D'ENVOI.
MA PLUS BELLE TENUE, MES CRAMPONS AUX PIEDS, J'AI HÂTE MOI AUSSI.
TOUTES CES ÉPREUVES PASSÉES, TOUS CES DÉFIS RELEVÉS POUR ARRIVER LÀ, À CET INSTANT PRÉCIS. LE RÉSULTAT DE TOUS MES CHOIX, DE TOUTES MES ENVIES, LE TRAVAIL DE TOUTE MA VIE.
LE RÊVE, LA VICTOIRE EST AU BOUT DE NOS PIEDS. DANS 90 MINUTES, MON ÉQUIPE ET MOI SERONS GLORIEUSES... OU MISÉRABLES.
LE TEMPS D'UN BATTEMENT D'AILES DE PAPILLON, ALORS QUE MON CŒUR PALPITE ET QUE MES PIEDS TRÉPIGNENT À L'IDÉE DE FOULER LA PELOUSE, JE ME SOUVIENS DU JOUR OÙ TOUT A COMMENCÉ.
FIFA
FEMME
COUPE DU MONDE

DANS MES SOUVENIRS, C'EST COMME SI C'ÉTAIT HIER.
C'ÉTAIT UN SAMEDI, JOUR D'ENTRAÎNEMENT DANS NOTRE PETIT CLUB D'ANGEBOIS DE LA SOURCE.
NOTRE PROGRAMME : MISE EN PLACE ET RODAGE DE NOTRE SCHÉMA D'ATTAQUE.
J'Y PENSE, JE NE VOUS AI PAS DIT MON NOM : JE M'APPELLE ALEXANDRA, MAIS TOUT LE MONDE M'APPELLE ALEX. J'AI 11 ANS ET LE FOOTBALL...
... C'EST TOUTE MA VIE.

COMMENT TU LES AS CRAMÉES, ALEX ! IMPRESSIONNANT !
OÙ AS-TU APPRIS À FAIRE LE GRAND PONT ?
JE ME SUIS BEAUCOUP ENTRAÎNÉE, TOUT LE MONDE PEUT Y ARRIVER.
MÊME EN PRATIQUANT MILLE ANS, JE N'ARRIVERAIS JAMAIS À FAIRE COMME TOI.
VIENS CHEZ MOI CE SOIR ET JE T'APPRENDS LES BASES DES MOUVEMENTS.
VOTRE ALEXANDRA EST DOUÉE, VOUS SAVEZ. ELLE IRA LOIN SI VOUS LA POUSSEZ UN PEU.
JE DOUTE QU'ALEX AIT BESOIN D'ÊTRE POUSSÉE. ELLE EST MOTIVÉE ET TÊTUE COMME UNE MULE.

ALEX !
LÉO ! MON FRÈRE EST AUSSI, COMME VOUS LE VOYEZ, MON PLUS GRAND FAN.
MA SŒUR, C'EST LA MEILLEURE ! ELLE VA GAGNER LA COUPE DU MONDE !
CALMOS, FRÉROT.
GAGNER LE PROCHAIN MATCH RÉGIONAL SERA DÉJÀ TRÈS BIEN.
BRAVO, LES FILLES ! L'ENCHAÎNEMENT DE PASSES ÉTAIT PARFAIT ET L'ATTAQUE FINALE, RAPIDE ET PRÉCISE.
NOUS ESSAYERONS CETTE COMBINAISON SAMEDI PROCHAIN CONTRE LES BELETTES.
LES BELETTES, HO NON ! ELLES VONT ENCORE NOUS ÉCRASER, COMME À CHAQUE RENCONTRE.
PAS CETTE FOIS. GRÂCE À LA RAPIDITÉ D'ALEXANDRA ET À NOTRE NOUVELLE STRATÉGIE D'ATTAQUE, NOUS LES PRENDRONS PAR SURPRISE.
ON VA LES AVOIR, VOUS ALLEZ VOIR !
ALEX, TU TE PRESSES, S'IL TE PLAÎT. JE DOIS PASSER AU MAGASIN DE BRICOLAGE AVANT DE RENTRER.
MAMAN NE T'A PAS DIT ?
JE RESTE POUR ENCADRER L'ENTRAÎNEMENT DES JUNIORS. JE RENTRERAI PLUS TARD AVEC THIERRY ET JULIE.
ALEX.. JE...
À CE SOIR, PAPA !

TÊTUE COMME UNE MULE, HEIN ?
OUI, ET MÊME AU-DELÀ... MAIS ON N'A PAS ENCORE INVENTÉ DE TERME POUR LES GENS COMME ALEX.
ALEX NE VIENT PAS AVEC NOUS ?
HÉ NON, PETIT GARS. ELLE A ENCORE À FAIRE ICI. ON LA RETROUVERA POUR LE REPAS.

CERCEAUX, OBSTACLES, BALLONS DE PETITE TAILLE, GROS ENTRAÎNEMENT POUR LES JUNIORS AUJOURD'HUI, DIS-MOI.
OUI, NOUS ALLONS TRAVAILLER LA VITESSE DE DÉPLACEMENT. ILS EN ONT BIEN BESOIN. NOUS FINIRONS PAR UN MATCH RAPIDE ET UN EXERCICE DE TIRS AU BUT.
AVEC TOI, ILS VONT ÉVOLUER RAPIDEMENT. ILS ONT DE LA CHANCE DE T'AVOIR COMME COACH SPORTIF.
PLUS QUE COMME AIDE AUX DEVOIRS, TU VEUX DIRE ? PARCE QUE LES MATHS ET MOI, ÇA FAIT TROIS !
ON NE PEUT PAS ÊTRE BONNE PARTOUT, ALEX.
TOI, TU ES BONNE PARTOUT, JULIE. TU ES PREMIÈRE DE LA CLASSE DANS TOUTES LES MATIÈRES.
TU EXAGÈRES. JE SUIS LA PREMIÈRE PARTOUT, SAUF EN SPORT.
SI SEULEMENT LE SPORT SUFFISAIT POUR NE PAS REDOUBLER, JE SERAIS TRANQUILLE.
JE PEUX T'AIDER POUR LES LEÇONS SI TU VEUX.

BONNE IDÉE, JE NE COMPRENDS VRAIMENT RIEN AU DEVOIR DE FRANÇAIS DE CETTE SEMAINE.
?
JE CHERCHE ALEXANDRA PETIT, ON M'A DIT QUE C'ÉTAIT TOI.
POSSIBLE. QUI LA DEMANDE ?
ON NE SE CONNAÎT PAS, MAIS J'AI ENTENDU PARLER DE TES TALENTS. IL PARAÎT QUE TU ES SUPER DOUÉE AU DRIBBLE.
MÊME SI C'ÉTAIT VRAI, ÇA FERAIT QUOI ?
JE SUIS LA MEILLEURE DE MON CLUB ET DE LA RÉGION.
JE SUIS VENUE TE DÉFIER POUR ÉVALUER TON ADRESSE ET VOIR SI ELLE DÉPASSE LA MIENNE. PARTANTE ?
BIEN SÛR. POURQUOI ATTENDRE ?
SAUF SI TU AS PEUR DU RÉSULTAT.
JE N'AI JAMAIS PEUR QUAND J'AI UN BALLON DANS LES PIEDS.
MONTRE-MOI ÇA !

OUPS... DÉSOLÉE...
AUCUN SOUCI. JE M'AVOUE VAINCUE, POUR AUJOURD'HUI. ON VERRA CE QUE TU VAUX VRAIMENT AU COURS D'UN MATCH.

LA FILLE, LE CAMION, LE CHAUFFEUR NE PEUT PAS LA VOIR. ELLE VA SE FAIRE... ÉCRASER !
HÉ ! POUSSE-TOI DE LÀ !
HÉ ! QUITTE LA... ROUTE...
?!

NOM DE NOM !

JE N'ENTENDS PLUS RIEN.
SUIS-JE MORTE ?
NON, JE SUIS VIVANTE, J'AI MAL PARTOUT.
BATTEMENTS À 120, SIGNES VITAUX POSITIFS, HÉMORRAGIE INTERNE ET FRACTURE DU TIBIA, PRÉPAREZ LE BLOC OPÉRATOIRE...
J'ENTENDS DES VOIX.
ALEXANDRA... ALEXANDRA, MA PUCE, C'EST MOI... MAMAN...
DOCTEUR, ELLE OUVRE LES YEUX !
PARFAIT, CONTINUEZ À LUI PARLER.
TOUT VA BIEN, MA PUCE, JE SUIS LÀ.
MAMAN ?! OÙ JE... SUIS ?
A L'HÔPITAL, LES MÉDECINS VONT PRENDRE BIEN SOIN DE TOI.
TOUT EST PRÊT ?
OUI, DOCTEUR.
ALEXANDRA, JE SUIS LE DOCTEUR FRESNY.
TU VAS FAIRE UN SOMME PENDANT UN PETIT MOMENT.
NOUS SOMMES TOUS AUTOUR DE TOI POUR TE SOIGNER.
ME SOIGNER... POURQUOI... ?

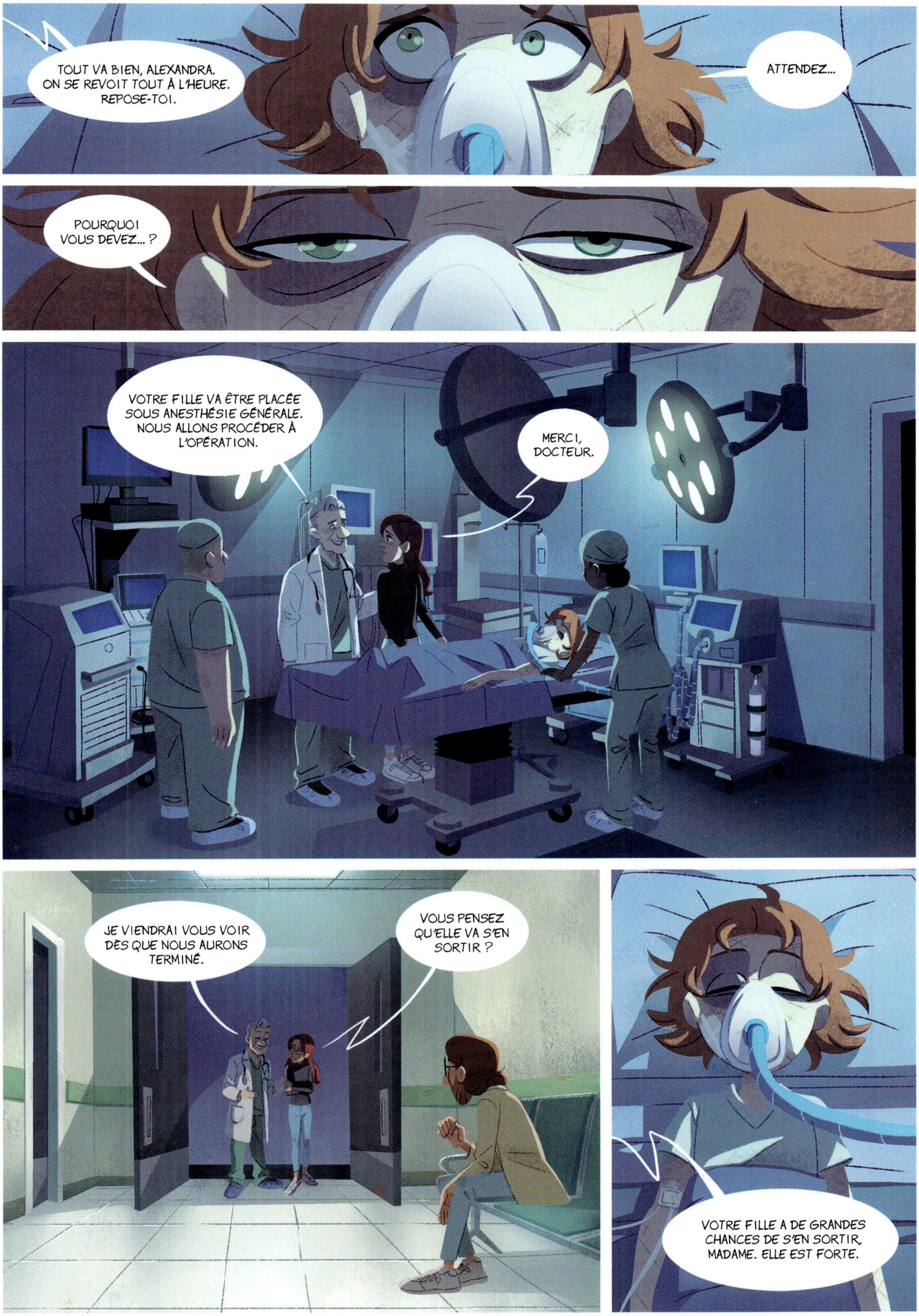
TOUT VA BIEN, ALEXANDRA. ON SE REVOIT TOUT À L'HEURE. REPOSE-TOI.
ATTENDEZ...
POURQUOI VOUS DEVEZ... ?
VOTRE FILLE VA ÊTRE PLACÉE SOUS ANESTHÉSIE GÉNÉRALE. NOUS ALLONS PROCÉDER À L'OPÉRATION.
MERCI, DOCTEUR.
JE VIENDRAI VOUS VOIR DÈS QUE NOUS AURONS TERMINÉ.
VOUS PENSEZ QU'ELLE VA S'EN SORTIR ?
VOTRE FILLE A DE GRANDES CHANCES DE S'EN SORTIR, MADAME. ELLE EST FORTE.

64
78
123
58
18

?!
MAMAN !
?!
ALEXANDRA !
MAMAN,
DIS-MOI,
MAMAN...

DIS-MOI QUE CE N'EST PAS VRAI.

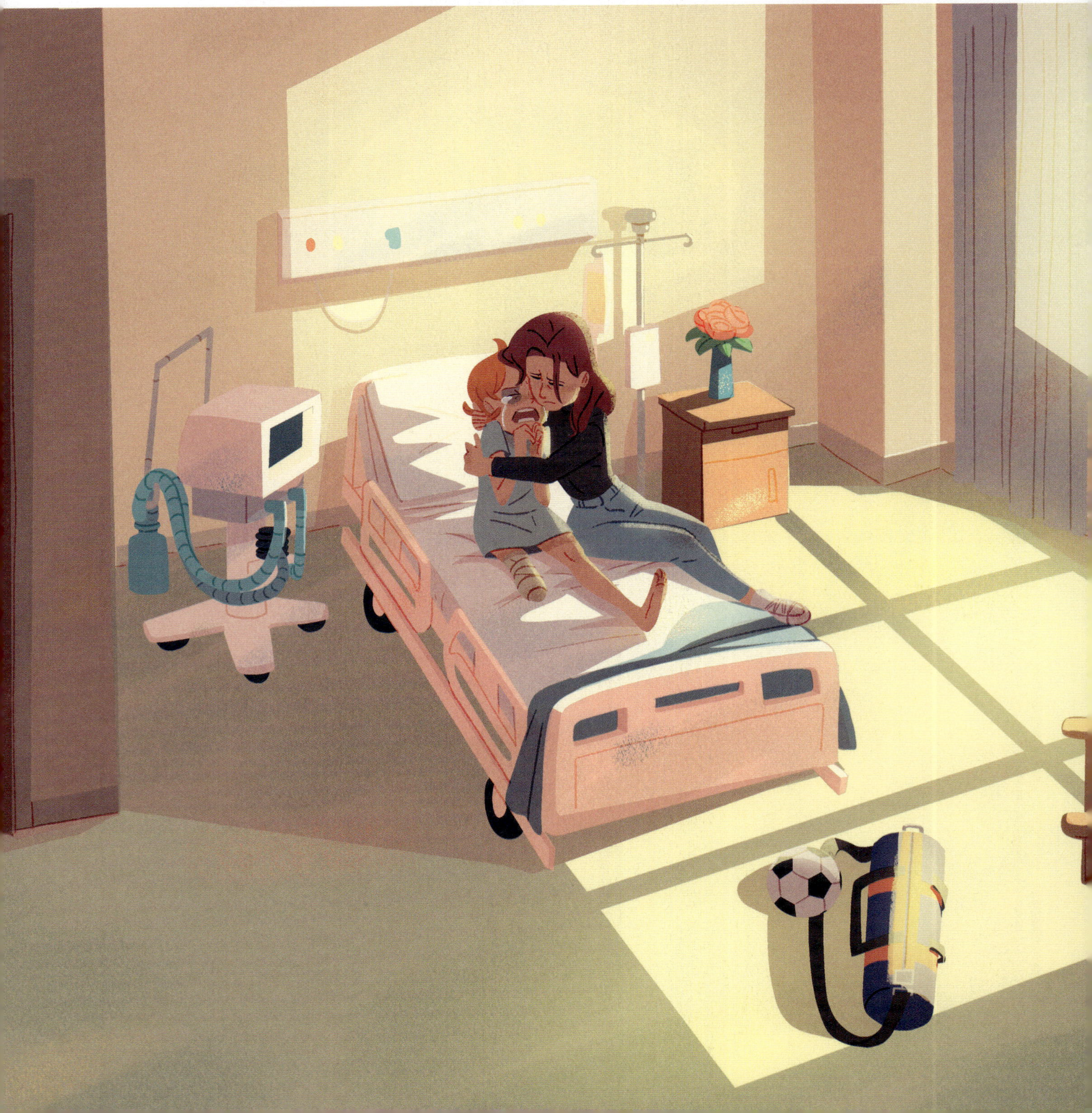

QUELQUES JOURS PLUS TARD.
TOC
TOC
TOC !
ALEXANDRA ?

J'AI BESOIN D'ÊTRE SEULE, MAMAN.
JE SAIS MAIS... TU AS DE LA VISITE, TES AMIES SONT LÀ.
DÉSOLÉE. JE NE SUIS VRAIMENT PAS DANS MON ASSIETTE.
LAISSEZ-MOI TRANQUILLE.
SALUT, ALEX.
ON T'A APPORTÉ DES CRÊPES FAITES PAR MON PÈRE ET...
... LES COURS DE LA SEMAINE.
QU'EST-CE QUE VOUS FAITES ? JE N'AI PAS ENVIE D'ÊTRE VUE COMME ÇA !
VUE COMMENT, ALEX ?
RIEN DE CE QUI EST ARRIVÉ NE CHANGERA QUI TU ES À NOS YEUX, TU SAIS.
TU ES NOTRE AMIE ET NOTRE COÉQUIPIÈRE.

UNE COÉQUIPIÈRE QUI NE TOUCHERA PLUS JAMAIS UN BALLON.
TU RIGOLES ! JE SUIS SÛRE QUE TU VAS ENCORE NOUS ÉCLATER À FF24.
T'ES BÊTE, LÉA ! TU NE CROIS PAS QU'ELLE EST SUPER TRISTE ?
ÇA VA. LÉA A RAISON DE PRENDRE ÇA À LA RIGOLADE.
DE TOUTE MANIÈRE, IL VA BIEN FALLOIR QUE JE M'HABITUE.
ALEX, JE SUIS... DÉSOLÉE.
RESTE COOL. ON EST LÀ POUR ELLE, RAPPELLE-TOI.
ALEXANDRA, SI ON PEUT FAIRE QUELQUE CHOSE...
VOUS ÊTES LÀ ET C'EST DÉJÀ BEAUCOUP, LES FILLES.
SI ON POUVAIT JUSTE NE PAS S'APITOYER SUR MON SORT, ÇA SERAIT COOL.
LA PITIÉ N'EST VRAIMENT PAS LE SENTIMENT QUE JE VOULAIS INSPIRER.
ET ON NE LAISSERA PERSONNE LE FAIRE.
TES AMIES M'ONT DIT QUE JE POUVAIS VENIR. JE NE DÉRANGE PAS J'ESPÈRE ?
PEU IMPORTE, TU ES LÀ, MAINTENANT.

JE VOULAIS TE REMERCIER DE M'AVOIR SAUVÉE.
SANS TOI, JE SERAIS SÛREMENT MORTE OU...
... TU SERAIS À MA PLACE, UNE JAMBE EN MOINS.
CE N'EST PAS CE QUE JE VOULAIS DIRE.
C'EST CE QUE TU PENSES ET C'EST NATUREL.
JE NE REGRETTE PAS DE T'AVOIR SAUVÉE, C'EST SÛR MAIS IL FAUT AVOUER QUE JE PAIE LE PRIX FORT, TU NE CROIS PAS ?
C'EST TOTALEMENT INJUSTE CE QUI T'ARRIVE. MAIS IL Y A AU MOINS UNE CHOSE DE BIEN DANS TOUT ÇA : ON SAIT QUI EST LA MEILLEURE ENTRE TOI ET MOI AU DRIBBLE.
ET COMME LE FOOT, C'EST FINI POUR MOI, TU NE POURRAS JAMAIS ME BATTRE, SAUF SI TU SAIS JOUER À FF24.
EN PARLANT DE FOOT, L'HEURE TOURNE. ON DOIT FILER, LE COACH VA NOUS ATTENDRE.
?!
J'AI LES CRAMPONS QUI ME DÉMANGENT !

VOTRE COACH M'A DEMANDÉ DE TE REMPLACER POUR LE PROCHAIN MATCH. C'EST OK POUR TOI ?
SI TU NE FAIS PAS PERDRE L'ÉQUIPE, ÇA ME VA.
BIEN ENTENDU ! JE SUIS LA SECONDE MEILLEURE, APRÈS TOI BIEN SÛR.
ON VA LES EMPAILLER LES BELETTES, COMPTE SUR MOI.
ON REPASSE VITE TE VOIR, ALEX. PRENDS SOIN DE TOI.
MERCI D'ÊTRE PASSÉES, LES FILLES. DÉSOLÉE SI J'AI ÉTÉ UN PEU RUDE AU DÉBUT.
NE T'EXCUSE PAS, ALEX. À BIENTÔT.
ARRÊTE DE SOURIRE, TOI !
JE NE VOIS PAS CE QU'IL Y A DE DRÔLE DANS TOUT ÇA.
IL N'Y A RIEN DE DRÔLE DANS TOUT ÇA.

ALEX, ON MANGE SI TU AS FAIM.
MERCI, MAIS JE N'AI VRAIMENT PAS FAIM.
NOUS SOMMES EN BAS, SI TU VEUX PARLER.

TU ES CERTAINE QU'IL N'Y A RIEN QUI TE FERAIT PLAISIR, MA CHÉRIE ?
EN Y PENSANT, IL Y A QUELQUE CHOSE QUE J'AIMERAIS BIEN.
DIS-NOUS CE QUE C'EST ET ON TE L'APPORTE.
J'AIMERAIS SAVOIR CE QU'ILS ONT FAIT DE MA JAMBE.

LÉO ET MOI, ON S'EN VEUT, ALEX.
POURQUOI DONC ?
SI NOUS AVIONS INSISTÉ POUR TE RAMENER DE L'ENTRAÎNEMENT, RIEN DE TOUT CELA NE SERAIT ARRIVÉ.
TOUT, TU VEUX DIRE L'ACCIDENT ET LA PERTE DE MA JAMBE.
OUI, L'ACCIDENT ET TA JAMBE.
PAS LA PEINE DE VOUS EN VOULOIR, LES GARÇONS. VOUS SAVEZ QUE J'AI LA TÊTE DURE.
EN REVANCHE, SI VOUS AVIEZ UNE MACHINE À REMONTER DANS LE TEMPS, JE VEUX BIEN L'UTILISER.
T'EN DIS QUOI TOI, LÉO ?
ÇA SERAIT SUPER !
ON T'EMBARQUERAIT AVEC NOUS, T'AURAIS ENCORE TES DEUX JAMBES ET ON IRAIT SE GOINFRER DE CRÊPES POUR FÊTER ÇA !
BON PLAN, PETIT FRÈRE. ON VA ATTENDRE QUE CETTE MACHINE SOIT INVENTÉE ALORS.
J'AI FAIT UN DESSIN POUR TOI.
QU'EST-CE QU'IL Y A DESSUS ?
TU VAS VOIR, J'AI PENSÉ À TON AVENIR DANS LE FOOT !
IL Y A D'ABORD ALEX COACH, LA SUPER STRATÈGE QUI VA FAIRE GAGNER SON ÉQUIPE AVEC SES SUPER IDÉES.
À CÔTÉ, ALEX LA SUPER GARDIENNE AVEC SA JAMBE À FILET ÉLECTRONIQUE !
APRÈS, TU VAS TROUVER ALEX L'ARBITRE QUI POURRA ALLER PARTOUT ET TOUT VOIR AVEC SES SUPER ROULETTES.
ET ENFIN, ALEX L'ATTAQUE BUTEUSE IMBATTABLE, AVEC SA JAMBE À PROPULSION NUCLÉAIRE QUI ENVERRA DES BOULETS DE CANON DANS LES BUTS ADVERSES.

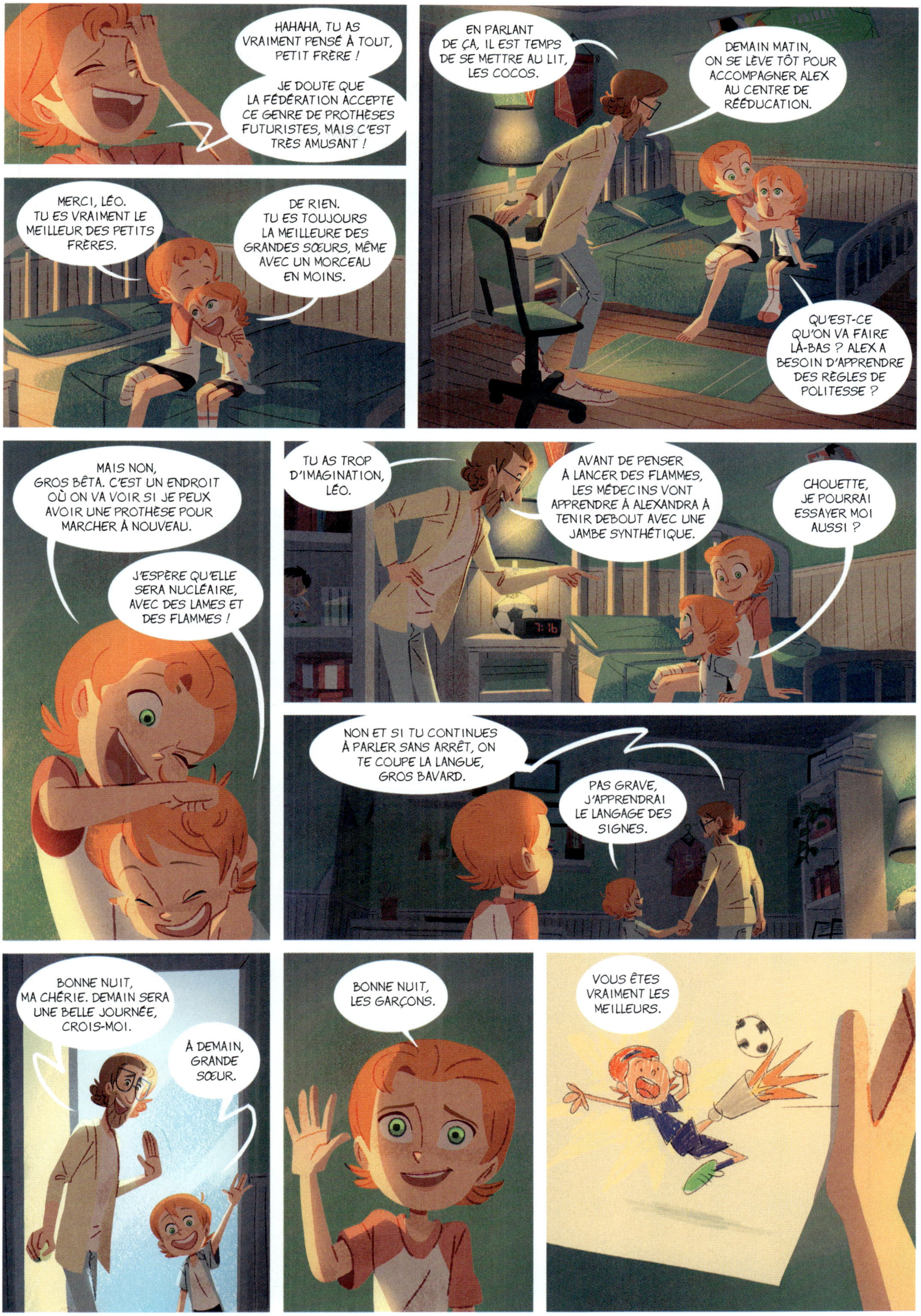
HAHAHA, TU AS VRAIMENT PENSÉ À TOUT, PETIT FRÈRE !
JE DOUTE QUE LA FÉDÉRATION ACCEPTE CE GENRE DE PROTHÈSES FUTURISTES, MAIS C'EST TRÈS AMUSANT !
MERCI, LÉO. TU ES VRAIMENT LE MEILLEUR DES PETITS FRÈRES.
DE RIEN. TU ES TOUJOURS LA MEILLEURE DES GRANDES SŒURS, MÊME AVEC UN MORCEAU EN MOINS.
EN PARLANT DE ÇA, IL EST TEMPS DE SE METTRE AU LIT, LES COCOS.
DEMAIN MATIN, ON SE LÈVE TÔT POUR ACCOMPAGNER ALEX AU CENTRE DE RÉÉDUCATION.
QU'EST-CE QU'ON VA FAIRE LÀ-BAS ? ALEX A BESOIN D'APPRENDRE DES RÈGLES DE POLITESSE ?
MAIS NON, GROS BÊTA. C'EST UN ENDROIT OÙ ON VA VOIR SI JE PEUX AVOIR UNE PROTHÈSE POUR MARCHER À NOUVEAU.
J'ESPÈRE QU'ELLE SERA NUCLÉAIRE, AVEC DES LAMES ET DES FLAMMES !
TU AS TROP D'IMAGINATION, LÉO.
AVANT DE PENSER À LANCER DES FLAMMES, LES MÉDECINS VONT APPRENDRE À ALEXANDRA À TENIR DEBOUT AVEC UNE JAMBE SYNTHÉTIQUE.
CHOUETTE, JE POURRAI ESSAYER MOI AUSSI ?
NON ET SI TU CONTINUES À PARLER SANS ARRÊT, ON TE COUPE LA LANGUE, GROS BAVARD.
PAS GRAVE, J'APPRENDRAI LE LANGAGE DES SIGNES.
BONNE NUIT, MA CHÉRIE. DEMAIN SERA UNE BELLE JOURNÉE, CROIS-MOI.
À DEMAIN, GRANDE SŒUR.
BONNE NUIT, LES GARÇONS.
VOUS ÊTES VRAIMENT LES MEILLEURS.

TOUT ÇA N'EST QU'UN MAUVAIS RÊVE, MA GRANDE.
JE VAIS M'ENDORMIR ET QUAND JE ME RÉVEILLERAI, TOUT ÇA AURA DISPARU, COMME AVEC LES HORRIBLES CAUCHEMARS QU'ON FAIT PARFOIS.
ÇA Y EST, JE M'ENDORS.
...OUAIS...
J'Y ARRIVE PAS. TOUT ÇA N'A RIEN D'UN RÊVE, MA GRANDE.
C'EST LA RÉALITÉ... ET IL VA FALLOIR QUE TU FASSES AVEC.
ALLEZ, INTERNET, MONTRE-MOI CE QUE TU AS DANS LE VENTRE.
COMMENÇONS PAR CHERCHER... LES MÉTIERS... DU FOOTBALL.

TU VEUX QUE JE RESTE AVEC TOI POUR LE RENDEZ-VOUS ?
JE PRÉFÈRE Y ALLER SEULE, PAPA. MAIS C'EST GENTIL DE PROPOSER.
C'EST COMME TU VEUX, ALEX. À TOUT À L'HEURE.
Centre de rééducation de la Verteville
BONJOUR, ALEXANDRA. JE SUIS CÉDRIC BUISSON, MÉDECIN ET SPÉCIALISTE EN RÉÉDUCATION. SOIS LA BIENVENUE DANS NOTRE CENTRE. ENSEMBLE, NOUS ALLONS FAIRE DE GRANDES CHOSES.

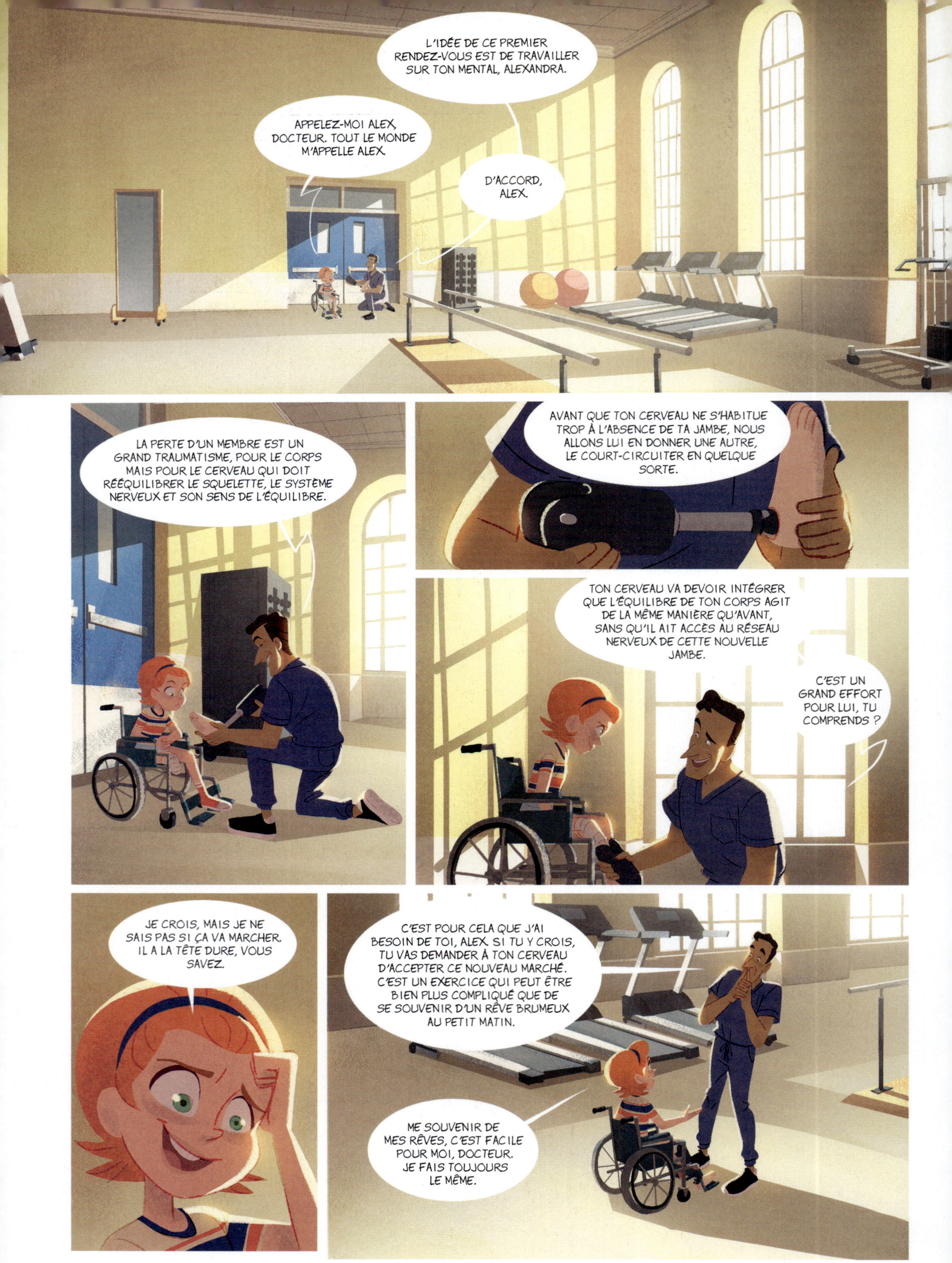
L'IDÉE DE CE PREMIER RENDEZ-VOUS EST DE TRAVAILLER SUR TON MENTAL, ALEXANDRA.
APPELEZ-MOI ALEX, DOCTEUR. TOUT LE MONDE M'APPELLE ALEX.
D'ACCORD, ALEX.
LA PERTE D'UN MEMBRE EST UN GRAND TRAUMATISME, POUR LE CORPS MAIS POUR LE CERVEAU QUI DOIT RÉÉQUILIBRER LE SQUELETTE, LE SYSTÈME NERVEUX ET SON SENS DE L'ÉQUILIBRE.
AVANT QUE TON CERVEAU NE S'HABITUE TROP À L'ABSENCE DE TA JAMBE, NOUS ALLONS LUI EN DONNER UNE AUTRE, LE COURT-CIRCUITER EN QUELQUE SORTE.
TON CERVEAU VA DEVOIR INTÉGRER QUE L'ÉQUILIBRE DE TON CORPS AGIT DE LA MÊME MANIÈRE QU'AVANT, SANS QU'IL AIT ACCÈS AU RÉSEAU NERVEUX DE CETTE NOUVELLE JAMBE.
C'EST UN GRAND EFFORT POUR LUI, TU COMPRENDS ?
JE CROIS, MAIS JE NE SAIS PAS SI ÇA VA MARCHER. IL A LA TÊTE DURE, VOUS SAVEZ.
C'EST POUR CELA QUE J'AI BESOIN DE TOI, ALEX. SI TU Y CROIS, TU VAS DEMANDER À TON CERVEAU D'ACCEPTER CE NOUVEAU MARCHÉ. C'EST UN EXERCICE QUI PEUT ÊTRE BIEN PLUS COMPLIQUÉ QUE DE SE SOUVENIR D'UN RÊVE BRUMEUX AU PETIT MATIN.
ME SOUVENIR DE MES RÊVES, C'EST FACILE POUR MOI, DOCTEUR. JE FAIS TOUJOURS LE MÊME.

CELA EST COURANT LORSQUE L'ON EST ENFANT.
CE RÊVE, TU PEUX EN PARLER ?
BIEN SÛR ! JE SUIS EN FINALE AVEC MON ÉQUIPE ET NOUS GAGNONS LA COUPE DU MONDE DE FOOTBALL !
C'EST VRAI ! TES PARENTS M'ONT PARLÉ DE TA PASSION POUR LE FOOTBALL. TU ES EXCELLENTE, PARAÎT-IL.
J'ÉTAIS EXCELLENTE.
MAIS AVEC CE QUI EST ARRIVÉ, MON BEAU RÊVE EST DEVENU IMPOSSIBLE.
ÇA, C'EST À TOI DE LE DÉCIDER, ALEX. MAINTENANT, NOUS ALLONS ESSAYER QUELQUE CHOSE. VEUX-TU TE LEVER, S'IL TE PLAÎT ?
VOUS POUVEZ M'AIDER ?
JE SUIS LÀ POUR TE SÉCURISER, ALEX, MAIS CET EFFORT, CE PREMIER PAS, TU DOIS LE FAIRE SEULE
APPUIE TES MAINS SUR LES ACCOUDOIRS DU FAUTEUIL ET SOULÈVE-TOI EN MÊME TEMPS QUE TU PRENDS TES APPUIS SUR LE SOL.

VOUS NE ME FACILITEZ PAS LA TÂCHE. VOUS SAVEZ COMBIEN IL EST DIFFICILE DE SOULEVER SON PROPRE POIDS ?
?!
JE LE SAIS, ALEX. JE TE FÉLICITE POUR TON ÉNERGIE ET TON COURAGE.
ESSAIE MAINTENANT DE TROUVER UN ÉQUILIBRE.
D'ACCORD... MAIS...
... MES PIEDS FONT N'IMPORTE QUOI.
C'EST TRÈS BIEN. CONTINUE TON EFFORT.
ESSAIE DE PLACER TES PIEDS DE MANIÈRE PARALLÈLE.
FACILE À DIRE ! JE VOUS RAPPELLE QUE JE N'AI QU'UN SEUL PIED !
ÇA TANGUE UN MAX, VOUS SAVEZ ?
C'EST UNE BONNE NOUVELLE, ALEX. ÇA VEUT DIRE QUE TU ES EN VIE !
MAINTENANT, ET MÊME SI TON CERVEAU PENSE QUE VOUS ALLEZ TOMBER, DEMANDE-LUI DE FAIRE UN PAS, ALEX !

MON CERVEAU NE PENSE PAS QU'ON VA TOMBER, DOCTEUR. IL SAIT QU'ON VA TOMBER !
TU NE TOMBERAS PAS, ALEX. JE SUIS LÀ POUR TE SÉCURISER. ORDONNE-LUI DE FAIRE CE PAS !
DOCTEUR, REGARDEZ ! C'EST DINGUE, JE MARCHE, JE MARCHE !
ENCORE UN PAS, ALEX, ET ATTRAPE LES BARRES POUR TE MAINTENIR SI TON CERVEAU PREND LES COMMANDES.
TAFT !
ALORS, C'EST QUI LA MEILLEURE, DOCTEUR ?
ASSURÉMENT TOI, ALEX. BRAVO POUR CES PREMIERS PAS !
EXERCE-TOI QUELQUES INSTANTS À TROUVER LE BON ÉQUILIBRE AVEC CETTE PROTHÈSE. JE VAIS VOIR SI LE CENTRE PEUT T'EN PRÊTER POUR LA SEMAINE.

QUELQUES MINUTES PLUS TARD.
LE BON ÉQUILIBRE... ÇA MARCHE !
L'AUTRE PIED, MAINTENANT.
NON, REMETS-TOI DROIT, SALETÉ !
ALEX, J'AI DEUX BONNES NOUVELLES, LA PREMIÈRE, NOUS AVONS UNE PROTHÈSE À TE... ?!
C'EST PAS MON CERVEAU QUI A FLANCHÉ, DOCTEUR ! C'EST VOTRE PROTHÈSE QUI NE TIENT PAS !
JE NE DOUTE PAS DE TOI, ALEX.
MERCI, DOCTEUR. C'EST QUOI LA DEUXIÈME BONNE NOUVELLE ?

TU ES SÛRE ?
Verteville
Centre de rééducation
MAIS OUI, PAPA ! LE DOCTEUR A DIT QUE JE DEVAIS M'ENTRAÎNER SOUVENT POUR ACCLIMATER MON CORPS À LA PROTHÈSE.
SI TU M'AIDES. JE N'Y ARRIVERAI PAS SEULE.
À VOS ORDRES. TU FAIS DÉSORMAIS PARTIE DE LA PETITE, MAIS NON MOINS VIVANTE, COMMUNAUTÉ DES ÊTRES CYBERNÉTIQUES, QUI MARCHENT COMME S'ILS AVAIENT UN BALAI DANS LE DERRIÈRE OU LEUR DOS COINCÉ.
HAHAHA. T'ES BÊTE, PAPA.
J'ESSAIE JUSTE DE TE FAIRE RIRE UN PEU. TOUTES CES VISITES, CES PROTOCOLES, ÇA NE DOIT PAS ÊTRE FACILE POUR TOI.
ÇA VA. J'ESSAIE DE VOIR LE BON CÔTÉ DES CHOSES ET SURTOUT LE FUTUR.
VOUS EN AVEZ PARLÉ AVEC LE MÉDECIN ?
OUI, VISITE DEUX FOIS PAR SEMAINES AU CENTRE POUR TRAVAILLER, MAIS JE NE PARLAIS PAS DE CE FUTUR-LÀ.
AH BON, DUQUEL ALORS ?
DE CELUI OÙ TU ME PAIES UNE DOUBLE GLACE CORNET GAUFRÉ VANILLE TIRAMISU POUR TE FAIRE PARDONNER TA MOQUERIE DE TOUT À L'HEURE !

SIFFLE !!!
PÉNALTY ET COUP DE SIFFLET FINAL !
C'EST LA PREMIÈRE FOIS QUE NOUS BATTONS LES BELETTES.TU TE RENDS COMPTE, ALEX ?
C'ÉTAIT UN BEAU MATCH. BRAVO À VOUS, COACH !
C'EST AUSSI GRÂCE À TOI. TU AS POUSSÉ LES JOUEUSES À AMÉLIORER LEUR JEU EN ÉQUIPE.
C'EST VRAI ! JE SUIS INCROYABLE QUAND ON Y PENSE !
TOUT COMME EDORA. D'AILLEURS, ELLE TERMINE LA SAISON AVEC NOUS, COMME CAPITAINE.
SUPER POUR ELLE. JE SUIS SÛRE QU'ELLE SERA TRÈS BONNE À CE POSTE.
À PROPOS D'ÉQUIPE, COACH, JE ME DEMANDAIS SI JE POURRAIS RÉINTÉGRER LE CLUB QUAND JE SERAI REMISE.
COMME JOUEUSE, TU VEUX DIRE ?

BIEN SÛR QUE NON. AVEC MA PATTE EN MOINS, JE SUIS INCAPABLE DE COURIR OU DE FRAPPER LE BALLON.
EN FAIT, JE PENSAIS PLUS À UNE PLACE DE CONSEILLÈRE TECHNIQUE, POUR TRAVAILLER SUR LES STRATÉGIES DE JEU, VOUS VOYEZ ?
PARFAITEMENT, ALEX. POUR LE MOMENT, NOUS AVONS TOUT LE PERSONNEL DONT NOUS AVONS BESOIN POUR L'ENCADREMENT DES ÉQUIPES.
EN REVANCHE, ET SI TU TIENS À PARTICIPER À LA VIE DU CLUB, J'AI UNE PLACE POUR TOI.
AH OUI ? DE QUOI S'AGIT-IL ?
NOUS AVONS BESOIN DE BRAS POUR L'INTENDANCE: LAVER LES BALLONS ET LES MAILLOTS DU CLUB. NOUS VENONS D'INSTALLER DE NOUVELLES MACHINES À LAVER, TRÈS FACILES À UTILISER.
CE N'EST PEUT-ÊTRE PAS CE QUE TU AVAIS EN TÊTE, ALEX, MAIS JE NE PEUX RIEN TE PROPOSER D'AUTRE POUR LE MOMENT.
MERCI POUR LA PROPOSITION. JE VAIS Y RÉFLÉCHIR.
TU NE RESTES PAS POUR FÊTER LA VICTOIRE DE TON ÉQUIPE, ALEX ?
NON, COMME TU PEUX LE VOIR.
QUE S'EST-IL PASSÉ ?
IL FAUT SE RENDRE À L'ÉVIDENCE, MAMAN.
JE NE FAIS PLUS PARTIE DE CETTE ÉQUIPE.

QUELQUES JOURS PLUS TARD, UN SAMEDI.
QUE FAIT-ON EXACTEMENT, ALEX ?
TU VERRAS QUAND J'AURAI TROUVÉ.
NOUS AVONS DÉJÀ FOUILLÉ DEUX VILLAGES DE FOND EN COMBLE.
SOIT TU CHERCHES UNE PERSONNE, JE ME DEMANDE BIEN QUI.
SOIT TU AS PERDU QUELQUE CHOSE, MAIS VU LES LIEUX, JE ME DEMANDE BIEN QUOI !
MAMAN, TU ME CUISINES POUR SATISFAIRE TA CURIOSITÉ !
CONCENTRE-TOI DONC SUR LA CONDUITE. JE NE TE DIRAI RIEN !
POURQUOI ?
SI JE NE TROUVE PAS CE QUE JE CHERCHE, JE SERAI TRÈS DÉÇUE.
ET JE N'AI PAS ENVIE QUE CE SENTIMENT SE DIFFUSE DANS LA FAMILLE.
Quéméneven

JE NE CONNAISSAIS PAS CE VILLAGE. C'EST CHARMANT.
SI LE PLAN EST CORRECT, LA RUELLE DEVRAIT ÊTRE PAR LÀ.
C'EST PAR ICI, MAMAN.
D'ACCORD, ALLONS-Y !
J'AI HÂTE DE SAVOIR CE QU'ON EST VENUES CHERCHER.
TU ES PIRE QUE LÉO, MAMAN. TU AS ZÉRO PATIENCE !
MAIS...
MAIS... QUOI ?
LE TERRAIN DE FOOTBALL... IL N'EST PLUS LÀ...

UN TERRAIN DE FOOTBALL... C'EST ÇA QU'ON EST VENUES CHERCHER ?
OUI ET IL N'EXISTE PLUS, REGARDE. LES POTEAUX ONT ÉTÉ DÉFAITS, LES LIGNES SONT PRESQUE EFFACÉES.
POURQUOI ILS ONT FAIT ÇA ?
J'AI TROUVÉ L'EXPLICATION : RÉAMÉNAGEMENT DE L'ESPACE SPORTIF POUR LA CONSTRUCTION D'UN BÂTIMENT RÉSIDENTIEL.
C'EST CRIMINEL !
IL FAUT BIEN DES LOGEMENTS POUR LES GENS DE LA RÉGION.
EN LES PRIVANT DE TERRAIN DE SPORT ?
JE NE COMPRENDS PAS, ALEX. NOUS AVONS UN TERRAIN DE FOOT À ANGEBOIS.
POURQUOI EN CHERCHER UN AUTRE ?
CE N'EST PAS LE TERRAIN QUI M'INTÉRESSAIT, MAIS LE CLUB DE L'ÉQUIPE FÉMININE DE FOOT DU VILLAGE : LES SUPERS CHOUETTES.
SI LES FILLES N'ONT PLUS DE TERRAIN, OÙ JOUENT-ELLES ?
PEUT-ÊTRE QU'IL N'Y AVAIT PAS ASSEZ DE FILLES POUR MAINTENIR LE CLUB.
JE NE VOIS PAS POURQUOI CE SERAIT ARRIVÉ, LE FOOT FÉMININ CARTONNE EN CE MOMENT.
NOUS DEVRIONS REVENIR À LA VOITURE, IL COMMENCE À PLEUVOIR.

PLUS DE CLUB, TREMPÉES JUSQU'AUX OS, CETTE JOURNÉE EST VRAIMENT POURRIE !
ON A BIEN MÉRITÉ UN BON GOÛTER POUR RATTRAPER ÇA.
OH OUI, UN BON GROS GOÛTER, MÊME !
?
MAMAN, TU M'ATTENDS CINQ MINUTES DANS LA VOITURE, S'IL TE PLAÎT ?
D'ACCORD, TU AS BESOIN D'UN PARAPLUIE ?
NON, MERCI.

?
SALUT, TU CHERCHES QUELQUE CHOSE ?
OUI, LE CLUB DE FOOT DES SUPERS CHOUETTES.
TU ARRIVES TROP TARD. LE CLUB N'EXISTE PLUS.
IL EST POURTANT MENTIONNÉ SUR INTERNET.
IL SERA BIENTÔT EFFACÉ. TOUT CE QUI RESTE...
... DU CLUB DES SUPERS CHOUETTES EST DEVANT TOI.

OÙ SONT LES AUTRES JOUEUSES DE L'ÉQUIPE, ET L'ENTRAÎNEUR ?
IL N'Y A JAMAIS VRAIMENT EU D'ÉQUIPE, NI D'ENTRAÎNEUR, ET PAS VRAIMENT DE CLUB D'AILLEURS.
NOUS AVONS COMMENCÉ À LE MONTER, MAIS AVONS ABANDONNÉ QUAND LE MAIRE A DÉCIDÉ DE TRANSFORMER LE TERRAIN DE FOOT POUR Y METTRE DES MAISONS.
D'ACCORD... TOUT ÇA POUR RIEN.
TU VOULAIS TROUVER LES SUPERS CHOUETTES POUR QUOI EXACTEMENT ?
JE CHERCHE À RÉINTÉGRER UNE ÉQUIPE.
EN TANT QUE ?
JOUEUSE, ENTRAÎNEUSE AU PIRE.
JOUEUSE, VRAIMENT ? AVEC TA JAMBE DE ROBOT, TU COMPTAIS FAIRE QUOI SUR LE TERRAIN ?
COURIR, SAUTER, MARQUER DES BUTS ET GAGNER DES MATCHS.
C'EST ÇA LE FOOT, NON ?

LE FOOT, C'EST ÇA, EN EFFET. À CONDITION D'AVOIR DEUX JAMBES, DEUX BRAS ET TOUTE SA TÊTE... PAS VRAI, LES FILLES ?
EUH...
POUR JOUER AU FOOT, IL FAUT ÊTRE NORMALE ET TOI, TU NE L'ES PAS VRAIMENT.
VOUS CROYEZ QUE VOUS ÊTES NORMALES, VOUS ?
PARDON ?
TOI, PAR EXEMPLE : TU NE DOIS PAS COURIR BIEN VITE AVEC TA GROSSE TIGNASSE QUI PREND LE VENT.
ET TOI, TU T'ES TROMPÉE DE SPORT, N'EST-CE PAS ?
C'EST AU BASKET QUE TU DEVRAIS JOUER.
QUANT À TOI, T'ES UNE BRINDILLE. UN TACLE ET TU TOMBES EN MORCEAUX.
VOUS ME FAITES BIEN RIRE AVEC VOTRE NORMALITÉ. PERSONNE N'EST NORMAL ! VOUS ENCORE MOINS QUE MOI !
LA SEULE DIFFÉRENCE ENTRE NOUS EST QUE J'AI TOUJOURS VÉCU POUR LE FOOT, RIEN QUE POUR LE FOOT !
ET QU'À CAUSE D'UN FOUTU CAMION, MA CARRIÈRE, MA VIE SONT À JETER À LA POUBELLE.
ADIEU !

MERCI.
ALEX, JE PENSE QUE CES PERSONNES VEULENT TE PARLER.
?

QU'EST-CE QUE VOUS VOUS ÊTES DIT, FINALEMENT ?
AWA, LA FILLE QUI M'A TRAITÉE DE PAS NORMALE, EST VENUE S'EXCUSER.
C'EST UNE BONNE CHOSE. MAIS SI J'AI BIEN COMPRIS, TU AS TOI AUSSI EU DES MOTS DURS À LEUR ÉGARD.
C'EST VRAI. JE N'AI PAS ÉTÉ COOL SUR CE COUP-LÀ. J'ÉTAIS TRÈS EN COLÈRE.
JE ME SUIS EXCUSÉE QUAND ELLES SONT REVENUES VERS MOI. J'AVAIS VRAIMENT HONTE DE CE QUE J'AVAIS DIT.
CE QUI M'EMBÊTE LE PLUS, C'EST QUE JE NE SAIS PAS SI J'AURAIS FAIT DES EXCUSES SI ELLES N'ÉTAIENT PAS VENUES S'EXCUSER D'ABORD.
J'AI L'IMPRESSION QUE JE SUIS UN MONSTRE D'ÉGOÏSME, TU COMPRENDS ?
TOUT À FAIT. MAIS JE PENSE QUE C'EST PASSAGER ET CAUSÉ PAR CE QUI T'EST ARRIVÉ.
JE SUIS HEUREUX QUE TU AIES RÉPONDU À LEURS EXCUSES. ÇA VEUT DIRE UNE CHOSE TRÈS FORTE À MES YEUX ET QUE JE SAIS DEPUIS TA NAISSANCE : MON ALEX EST UN BEL ÊTRE HUMAIN.
MERCI, PAPA.

ÇA SENT LES CÂLINS PAR ICI OU JE RÊVE ?
TU NE RÊVES PAS, LÉO.
ALEX AVAIT BESOIN D'UN PEU DE RÉCONFORT APRÈS UNE JOURNÉE DIFFICILE. TU VEUX TE JOINDRE À NOUS ?
OUI ! CÂLINS DES ÉTOILES !!!
J'AI ENTENDU PARLER DE CÂLINS DES ÉTOILES. C'EST ICI QUE ÇA SE PASSE ?

JE SUIS CONTENT DE TE VOIR MANGER À NOUVEAU AVEC PLAISIR, ALEX !
MOI AUSSI, ÇA FAIT DU BIEN D'AVOIR FAIM ET DE MANGER.
IL FAUT QUE JE SOIS EN FORME POUR LE DÉFI QUI M'ATTEND.
TU PARLES DE TON RETOUR À L'ÉCOLE ?
OUI, MAIS PAS QUE. DEMAIN, J'AI UNE ÉPREUVE À PASSER, LE GENRE DE QUÊTE QUI CHANGERA PEUT-ÊTRE MA VIE POUR TOUJOURS.
LÉO, TU ES AU COURANT DE QUELQUE CHOSE ?
NON. ET TOI, PAPA ?
SI ALEX M'AVAIT PARLÉ D'UNE CHOSE AUSSI IMPORTANTE QU'UN DÉFI QUI CHANGERAIT SA VIE, JE M'EN SOUVIENDRAIS.
JE SUIS COMME VOUS, JE NE SAIS RIEN.
LES FILLES DES SUPERS CHOUETTES SONT D'ACCORD POUR QUE J'INTÈGRE LEUR ÉQUIPE.

EN VOILÀ UNE BONNE NOUVELLE !
SUPER, TU COMMENCES QUAND L'ENTRAÎNEMENT ?
ALEX, C'EST GÉNIAL, JE SUIS CONTENT POUR TOI !
VOUS M'AVEZ PAS LAISSÉ FINIR.
ELLES SONT OK, À DEUX CONDITIONS : LA PREMIÈRE EST QU'ON TROUVE UN TERRAIN OÙ JOUER ET UN ENDROIT OÙ FONDER LE CLUB.
LA SECONDE EST QUE JE LEUR PROUVE QUE JE SUIS CAPABLE DE JOUER AVEC UNE "JAMBE DE ROBOT" EN LES PASSANT ET EN MARQUANT UN BUT.
LÀ TOUT DE SUITE, C'EST MOINS GÉNIAL, JE M'EN RENDS BIEN COMPTE.
CE N'EST PAS ÇA, ALEX. MAIS, TU CROIS QUE TU PEUX JOUER COMME AVANT, AVEC UNE PROTHÈSE ?
COMME AVANT, JE NE SAIS PAS.
EN TOUT CAS, JE POURRAI JOUER ET C'EST TOUT CE QUI COMPTE POUR MOI.
JE PEUX Y ARRIVER À VOTRE AVIS ?

LE RÉSULTAT IMPORTE PEU, ALEX. LE PRINCIPAL EST QUE TU METTES TOUTES TES FORCES POUR RÉUSSIR CETTE ÉPREUVE.
TU VAS LE FAIRE, J'EN SUIS CERTAINE.
C'EST GENTIL DE ME RASSURER, MAMAN. MAIS EN FOOT, LE RÉSULTAT COMPTE, TU SAIS BIEN.
ELLES SONT SUPER MÉCHANTES CES FILLES ! ELLES VEULENT TE TESTER ALORS QUE TU ES SUPER BONNE !
J'ÉTAIS SUPER BONNE, LÉO. JE DOUTE QUE ÇA SOIT ENCORE LE CAS, MAIS JE VAIS FAIRE MON MAXIMUM.
LA PORTE D'ENTRÉE QUI SONNE. VOUS ATTENDEZ QUELQU'UN ?
DING ! DONG !
C'EST POUR MOI ! JE DÉBARRASSERAI CE SOIR, SI ÇA NE VOUS FAIT RIEN.
VOUS CROYEZ QUE C'EST QUI ?
SÛREMENT DES AMIES DE L'ÉCOLE OU DU CLUB DE FOOT. ELLES ONT DIT QU'ELLES PASSERAIENT POUR LUI APPORTER LES DEVOIRS ET LES COURS.
EN PLEIN SAMEDI, ÇA M'ÉTONNERAIT. LES FILLES SONT AU CLUB À CETTE HEURE-CI.
BONJOUR, ALEXANDRA.
BONJOUR, DOCTEUR, DONNEZ-VOUS LA PEINE D'ENTRER.

VOUS PENSEZ QUE LA PROTHÈSE TIENDRA EN PLACE, DOCTEUR ?
SI NOUS AVIONS PLUS DE TEMPS, J'AURAIS FAIT APPEL À UN CONFRÈRE SPÉCIALISÉ DANS LES PROTHÈSES SPORTIVES.
EN DÉSESPOIR DE CAUSE, JE PENSE QUE NOUS AVONS TROUVÉ UN BON COMPROMIS ENTRE LA SOLIDITÉ DE L'ATTACHE ET LA SOUPLESSE DE LA PROTHÈSE.
J'ESPÈRE VRAIMENT. TOUT ÇA EST TRÈS IMPORTANT POUR MOI.
JE COMPRENDS, ALEX.
GARDE À L'ESPRIT QUE CHAQUE PAS QUE TU FERAS, CHAQUE FOULÉE QUE TU ACCOMPLIRAS GUIDERA TON CERVEAU À ACCEPTER TON NOUVEAU CORPS.
EN SOI, TOUS CES MOUVEMENTS, PETITS OU GRANDS, SONT DÉJÀ DE GRANDES VICTOIRES.
MERCI DE ME DIRE TOUT ÇA, DOCTEUR. MAIS VOUS SAVEZ AUSSI QUE JE VEUX PLUS, TELLEMENT PLUS.
J'AVAIS REMARQUÉ ! TU ES SÛREMENT LA PERSONNE LA PLUS TÊTUE QUE J'AI JAMAIS RENCONTRÉE, ALEX.
VOILÀ AU MOINS UN DOMAINE OÙ JE SUIS ET RESTERAI LA MEILLEURE !
J'EN SUIS PERSUADÉ ! HAHAHA !

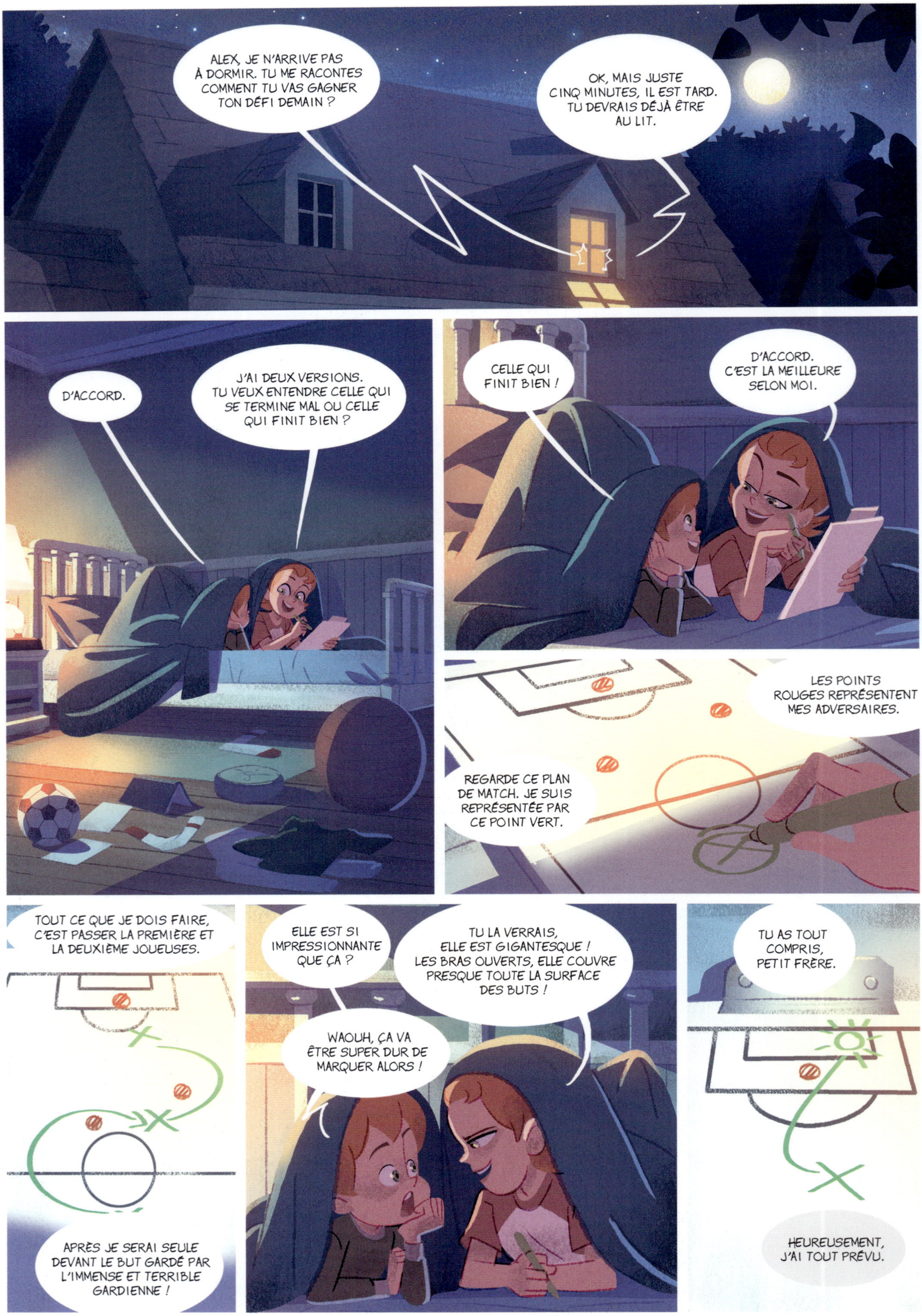
ALEX, JE N'ARRIVE PAS À DORMIR. TU ME RACONTES COMMENT TU VAS GAGNER TON DÉFI DEMAIN ?
OK, MAIS JUSTE CINQ MINUTES, IL EST TARD. TU DEVRAIS DÉJÀ ÊTRE AU LIT.
D'ACCORD.
J'AI DEUX VERSIONS. TU VEUX ENTENDRE CELLE QUI SE TERMINE MAL OU CELLE QUI FINIT BIEN ?
CELLE QUI FINIT BIEN !
D'ACCORD. C'EST LA MEILLEURE SELON MOI.
LES POINTS ROUGES REPRÉSENTENT MES ADVERSAIRES.
REGARDE CE PLAN DE MATCH. JE SUIS REPRÉSENTÉE PAR CE POINT VERT.
TOUT CE QUE JE DOIS FAIRE, C'EST PASSER LA PREMIÈRE ET LA DEUXIÈME JOUEUSES.
APRÈS JE SERAI SEULE DEVANT LE BUT GARDÉ PAR L'IMMENSE ET TERRIBLE GARDIENNE !
ELLE EST SI IMPRESSIONNANTE QUE ÇA ?
TU LA VERRAIS, ELLE EST GIGANTESQUE ! LES BRAS OUVERTS, ELLE COUVRE PRESQUE TOUTE LA SURFACE DES BUTS !
WAOUH, ÇA VA ÊTRE SUPER DUR DE MARQUER ALORS !
TU AS TOUT COMPRIS, PETIT FRÈRE.
HEUREUSEMENT, J'AI TOUT PRÉVU.

COMMENT ÇA ?
MA JAMBE DROITE ÉTAIT LA PLUS PUISSANTE ET LA PLUS AGILE.
MAINTENANT QUE J'AI UNE PROTHÈSE À LA PLACE, JE NE PEUX PLUS FRAPPER AUSSI FORT.
JE DOIS TROUVER UN AUTRE MOYEN DE SURPRENDRE LA GARDIENNE.
ET TU AS TROUVÉ ?
JE PENSE. JE FAIS CROIRE À LA GARDIENNE QUE JE VAIS TAPER DU PIED DROIT...
... JE RATE MON COUP, JE TOURNE SUR MOI-MÊME, JE CHANGE DE PIED, JE TAPE DANS LA BALLE DU TALON GAUCHE...
... ELLE NE COMPREND PAS CE QUI ARRIVE... ET BUT !!!
ALEX LA CHAMPIONNE MARQUE UN SUPERBE BUT. QUELLE JOUEUSE ! QUEL TALENT !
LA FOULE EST EN DÉLIRE POUR CETTE FINALE QUI SE TERMINE PAR LA VICTOIRE DES SUPERS CHOUETTES, À LA TOUTE DERNIÈRE MINUTE DU TEMPS RÉGLEMENTAIRE ! WOUHOU !!
MAIS QU'EST-CE QUE VOUS FAITES ICI ? IL EST PLUS QUE TEMPS DE DORMIR !
ON FÊTE LA VICTOIRE D'ALEX !
ON LA FÊTERA DEMAIN, SI VOUS VOULEZ BIEN ! AU LIT, LA CHAMPIONNE ! AU LIT, L'INFATIGABLE SUPPORTER !

LE LENDEMAIN MATIN.
L'HEURE DE VÉRITÉ EST ENFIN ARRIVÉE POUR ALEXANDRA !
PERSUADÉE QU'ELLE RÉUSSIRA LE PREMIER GRAND DÉFI DE SA CARRIÈRE...
... ALEX S'ÉLANCE FACE À SES ADVERSAIRES QUI N'ATTENDENT QU'UNE CHOSE : LA VOIR ÉCHOUER AUX PORTES DE LA VICTOIRE !

ALORS QUE SA PREMIÈRE ADVERSAIRE LUI FAIT FACE, ALEX POUSSE SON BALLON AVEC UN CONTRÔLE PARFAIT...
ELLE SAIT COMMENT ELLE VA DÉBORDER AWA, LA GRANDE JOUEUSE QUI LUI BARRE LA ROUTE DES BUTS...
... VOILÀ UN GRAND PONT... PARFAITEMENT EXÉCUTÉ... QUI PERMET À ALEX DE PRENDRE LE LARGE !
... ALEX S'ÉLANCE MAINTENANT VERS SA DEUXIÈME ADVERSAIRE...
... QUI MALGRÉ SA PETITE TAILLE POURRAIT BLOQUER LA CHAMPIONNE DANS SON ÉLAN...
TENTATIVE DE TACLE NON RÉGLEMENTAIRE... ÉVITÉE DE JUSTESSE PAR ALEX..
... QUI REPART EN DIRECTION DES BUTS !
CRACK

DÉSORMAIS SEULE, ALEX N'A PLUS QU'UNE JOUEUSE À BATTRE, L'IMMENSE IRINA.
LA JEUNE PASSIONNÉE DU BALLON ROND PARVIENDRA-T-ELLE À TROMPER LA GARDIENNE ?
SON ENGAGEMENT ET SON REGARD MONTRENT QU'ELLE EN EST PERSUADÉE !
LE MOMENT DE VÉRITÉ EST ARRIVÉ... ALEX EST À LA LIMITE DE LA SURFACE DE RÉPARATION. ELLE VA FRAPPER LA BALLE DE TOUTES SES FORCES !
CRACK
!!!
ALEX A RATÉ LE BALLON !
L'A-T-ELLE FAIT EXPRÈS OU EST-CE UNE TACTIQUE POUR TROMPER LA GARDIENNE ?

LA FOULE EST EN DÉLIRE ! QUE VA-T-IL SE PASSER ?
AAAAAHH !!! NON !!!
CRAC
JE SUIS VRAIMENT TROP BÊTE. C'ÉTAIT ÉVIDENT QUE ÇA NE POUVAIT PAS MARCHER.
MON RÊVE, MA JAMBE, TOUT EST ÉCRABOUILLÉ...
AVEC MOI ?
CARRÉMENT !
?!
ALEX HORS DE COURSE, AWA ET MATHILDA S'EMPARENT DU BALLON !
LES DEUX JEUNES JOUEUSES S'ÉLANCENT VERS LES BUTS DE LA TERRIBLE IRINA !

VONT-ELLES RÉUSSIR LÀ OÙ ALEX A ÉCHOUÉ ?
NOUS ALLONS VOIR ÇA DANS UNE SECONDE !
MATHILDA FAIT UNE PASSE PARFAITE À AWA...
... QUI CONTRÔLE ET...
... FRAPPE !
ET C'EST LE BUT !

ALEX, PUISQUE TU AS PROUVÉ QUE TU ÉTAIS TENACE, COURAGEUSE...
... ET UN PEU FOLLE AUSSI... COMME NOUS...
TU FAIS DÉSORMAIS OFFICIELLEMENT PARTIE DE L'ÉQUIPE DES SUPERS CHOUETTES !
MAIS J'AI RATÉ LE DÉFI ! C'EST VOUS QUI AVEZ MARQUÉ !
TU OUBLIES UNE CHOSE, ALEX, LE FOOTBALL EST...
... ET RESTERA TOUJOURS...
... UN SPORT D'ÉQUIPE.
MERCI, LES FILLES.

DANS MES RÊVES, JE SUIS UNE CHAMPIONNE DE FOOT, UN GÉNIE, LA MEILLEURE JOUEUSE DU MONDE.
JE CONTRÔLE LA BALLE, LE TERRAIN, TOUTE MON ÉQUIPE. GRÂCE À MOI, NOUS GAGNONS TOUS LES MATCHS QUE NOUS JOUONS.
MAIS ÇA, C'EST JUSTE DANS MES RÊVES. LA RÉALITÉ EST BIEN DIFFÉRENTE.
J'AI UNE JAMBE EN MOINS, CE QUI FAIT QUE JE COURS MOINS VITE ET QUE JE FRAPPE MOINS FORT. MAIS CE N'EST PAS GRAVE.
AVEC MES AMIES, JE VAIS TRAVAILLER MILLE FOIS PLUS FORT...
JE VAIS M'ACCROCHER POUR ME DÉPASSER... ET JOUER DANS L'ÉQUIPE...
AVEC L'ESPOIR AU CORPS, MON RÊVE AU CŒUR...
... ET LA BALLE AU PIED.

LES AVENTURES FOOTBALLISTIQUES D'ALEX
CONTINUENT DANS LE TOME 2 DE

BALLE AU PIED

À PARAÎTRE BIENTÔT !